BNCC
de Bolso

Como colocar em prática as principais mudanças da Educação Infantil ao Ensino Fundamental

Luís Carlos de Menezes

© Editora do Brasil S.A., 2018
Todos os direitos reservados
Texto © Luís Carlos de Menezes

Direção-geral: Vicente Tortamano Avanso

Direção editorial: Felipe Ramos Poletti
Gerência de Marketing: Helena Poças Leitão
Supervisão de controle de processos editoriais: Marta Dias Portero
Supervisão de direitos autorais: Marilisa Bertolone Mendes
Supervisão de revisão: Dora Helena Feres

Assessoria Pedagógica: Renata Sanches
Design gráfico e Diagramação: Rodrigo A. Grola
Coordenação de revisão: M10 Editorial
Revisão: M10 Editorial

```
Dados Internacionais de Catalogação na Publicação (CIP)
       (Câmara Brasileira do Livro, SP, Brasil)

    Menezes, Luís Carlos de
      BNCC de bolso : como colocar em prática as
    principais mudanças da educação infantil ao
    ensino fundamental / Luís Carlos de Menezes. --
    São Paulo : Editora do Brasil, 2018.

      Bibliografia.
      ISBN 978-85-10-06889-5

      1. BNCC - Base Nacional Comum Curricular
    2. Educação - Brasil 3. Educação - Finalidades
    e objetivos 4. Política educacional I. Título.

18-16453                                 CDD-370.981
```

Índices para catálogo sistemático:

1. Brasil : Base Nacional Comum Curricular   370.981

Iolanda Rodrigues Biode - Bibliotecária - CRB-8/10014

1ª edição / 3ª impressão, 2019
Impressão: Ricargraf Grafica e Editora Ltda.

Rua Conselheiro Nébias, 887
São Paulo, SP — CEP: 01203 -001
Fone: +55 11 3226 -0211
www.editoradobrasil.com.br

BNCC
de Bolso

Como colocar em prática as principais mudanças da Educação Infantil ao Ensino Fundamental

Luís Carlos de Menezes

Luís Carlos de Menezes

Prof. Sênior do Instituto de Física da Universidade de São Paulo,
membro do Conselho Estadual de Educação do Estado de São Paulo.

Editora do Brasil

Sumário

A educação escolar e a recepção de novas orientações.................................9

O papel das escolas perante a Base Nacional Comum Curricular..............13

As Competências Gerais na Base Nacional Comum Curricular...................15

Educação Integral e Progressão na Aprendizagem....................................19

A Educação Infantil na Base Nacional Comum Curricular..........................21

O Ensino Fundamental na Base Nacional Comum Curricular.....................25

"Ensino Fundamental –
   Anos Iniciais" na Base Nacional Comum Curricular.................................27

"Ensino Fundamental –
   Anos Finais" na Base Nacional Comum Curricular...................................35

A Área de Linguagens nos Anos Finais do Ensino Fundamental...............39

A Matemática nos Anos Finais do Ensino Fundamental............................43

A Área de Ciências da Natureza
   nos Anos Finais do Ensino Fundamental...47

A Área de Ciências Humanas
   nos Anos Finais do Ensino Fundamental...51

A Área de Ensino Religioso nos Anos Finais do Ensino Fundamental.......55

Observações finais para escolas e educadores...57

A educação escolar e a recepção de novas orientações

A cultura escolar, o regimento e o projeto pedagógico constituem a identidade institucional de cada escola, pela qual ela é reconhecida, escolhida e lembrada. Por isso, mesmo ao adotar os objetivos de aprendizagem convencionados para cada etapa, uma escola não precisa sacrificar sua singularidade. O que vale para escolas vale também para nações. Ser parte de uma sociedade é comunicar--se em seu idioma, partilhar valores culturais, integrar-se na vida social e econômica, conhecer e respeitar leis. Por isso, escolas são essenciais: elas promovem o domínio da língua, o conhecimento da cultura e dos valores sociais, seguindo as orientações e leis da sociedade em que atuam. Com essa compreensão, escolas e professores devem considerar a Base Nacional Comum Curricular como natural orientação de sua função social, preservando seu caráter institucional e profissional próprio.

A ideia de uma Base Nacional Comum Curricular (BNCC) não é iniciativa do atual governo, nem do anterior. É política de Estado desde a Constituição Nacional de 1988, passando pela Lei de Diretrizes e Bases da Educação Nacional (LDBEN) de 1996, pelas Diretrizes Curriculares Nacionais e pelo Plano Nacional de Educação e, de certa forma, precedida há duas décadas pelos Parâmetros Curriculares Nacionais. A BNCC para a Educação Infantil e para o

Ensino Fundamental foi recentemente promulgada, depois de diferentes versões submetidas a debates, em um processo de elaboração acompanhado pelo Conselho Nacional de Educação e por entidades que representam nacionalmente dirigentes estaduais e municipais de educação.

Em virtude das características que apresentam e do momento que estiverem vivendo, cada escola reagirá de maneira própria à nova base curricular, com eventuais ajustes no currículo e na orientação de professores. Por exemplo, ao recomendar práticas na condução das aulas em que estudantes, em vez de reter informações, investiguem, julguem, argumentem, proponham e realizem, de forma participativa, consciente e solidária, a BNCC será mais facilmente recebida em escolas que já educam com esses objetivos formativos.

Essas expectativas de aprendizagem são o sentido maior da BNCC para toda a Educação Básica ao ressaltar o que os estudantes devem ser capazes de fazer individual ou coletivamente, o que demanda aprendizagem participativa, incompatível com uma pretensa transferência de conhecimentos a estudantes perfilados. Para algumas escolas, isso demandará reorientação didática, um aperfeiçoamento que pode ser feito com diálogo e sem descontinuidades abruptas. É com a expectativa de tornar possível tal aprimoramento que a BNCC será apresentada a seguir. Ao tratar da discussão de um documento de 500 páginas, o objetivo do presente texto é oferecer aos profissionais da educação uma orientação geral, seguida de orientações específicas para as diferentes etapas escolares.

O papel das escolas perante a Base Nacional Comum Curricular

A BNCC não é um currículo, mas, sim, a base nacional para currículos. Portanto, é função e prerrogativa de escolas e sistemas escolares formular seus currículos e o modo como eles serão cumpridos, com orientações complementares, regimentos e projetos pedagógicos que garantam a efetivação dos objetivos formativos de cada etapa escolar. Em outras palavras, será próprio das escolas, em associação com o sistema escolar do qual for parte, realizar o seguinte conjunto de ações:

- Dar contexto ao currículo, relativamente a seu entorno social e cultural, tornando significativas as temáticas tratadas nos componentes curriculares;
- Preparar sua equipe pedagógica para dar coerência aos objetivos formativos dos componentes curriculares e para promover sua articulação interdisciplinar;
- Promover situações que estimulem e propiciem o engajamento e a motivação de estudantes e professores;
- Desenvolver procedimentos de avaliação formativa que orientem a continuidade do ensino, suprindo deficiências identificadas;
- Desenvolver e aplicar recursos didáticos e orientações docentes que subsidiem o ensino e a aprendizagem;

- Promover formação contínua de professores e demais profissionais e buscar ou desenvolver recursos para isso;
- Aperfeiçoar continuamente a gestão pedagógica da escola, em permanente intercâmbio com o sistema escolar.

Tais responsabilidades da escola são pautadas pela BNCC no que se refere ao sentido amplo da formação pretendida, como é o caso das ideias de Educação Integral e Progressão na Aprendizagem, assim como dos objetivos gerais e específicos explicitados em termos de Direitos e Campos de Experiência na Educação Infantil, ou de Unidades Temáticas, Competências e Habilidades na Educação Fundamental. A seguir, serão enumeradas as Competências Gerais para a Educação Básica, e em seguida serão explicitadas as ideias de Educação Integral e Progressão na Aprendizagem, antes de se especificar gestões pedagógicas para as diferentes etapas.

As Competências Gerais na Base Nacional Comum Curricular

O que a BNCC denomina como Competências Gerais são direitos fundamentais de aprendizagem e desenvolvimento a serem garantidos a todos os estudantes ao longo de sua Educação Básica, ou seja, providos a todos, indiscriminadamente. O sentido do termo "Competência" é múltiplo, pois implica a mobilização de conhecimentos e valores, que se concretizam no que se denominará "Habilidades", também de múltiplo sentido, pois serão a um só tempo cognitivas, práticas e socioemocionais, para enfrentar questões de toda ordem, como as sociais, produtivas, ambientais e éticas.

Compreenda-se que as Competências são qualificações que se completam no decorrer da vida escolar, não necessariamente em cada etapa, e essas competências gerais descrevem o que se espera que os estudantes sejam capazes de fazer com base em sua educação e, portanto, o que se espera que realizem em sua vivência escolar. Essas dez expectativas poderiam ser sinteticamente formuladas como segue;

1. Compreender e explicar a realidade natural e social, a partir dos conhecimentos adquiridos, colaborando para a solidariedade e a justiça.

2. Investigar, refletir e formular hipóteses, com critérios científicos e tecnológicos, para formular e resolver questões.

3. Valorizar e fruir a produção cultural e artística em toda sua diversidade e tomar parte ativa em atividades dessa área.

4. Empregar linguagens verbais, escritas e digitais para se expressar e se comunicar, fazendo uso do seu idioma e de linguagens artísticas, científicas e matemáticas.

5. Utilizar tecnologias de informação para comunicação participativa e crítica, de forma que os protagonismos individual e coletivo sejam promovidos.

6. Compreender relações da sociedade e do mundo do trabalho para o exercício da liberdade com responsabilidade e para a elaboração de projetos de vida.

7. Argumentar de maneira informada e ponderada, defendendo ideias e pontos de vista de forma responsável e ética.

8. Conhecer-se e cuidar-se física e emocionalmente, reconhecendo os próprios sentimentos e os dos demais, com consideração e autocrítica.

9. Promover diálogo e vínculos afetivos, com respeito próprio e recíproco, com apreço e sem preconceito diante da diversidade humana.

10. Agir com reponsabilidade, flexibilidade e autonomia, com princípios éticos e democráticos, na tomada de decisões individuais e coletivas.

Essas competências se desenvolvem a partir do que os estudantes efetivamente vivem e realizam, com protagonismo, sentido prático, ético e propositivo, ou seja, empregando conhecimentos e valores de sua vivência escolar e social. Serão insuficientes na escola meros discursos sobre aprendizagem prática e ética se não houver ações em que estudantes tomem parte ativa, que envolvam seus julgamentos e suas emoções.

Educação Integral e Progressão na Aprendizagem

Para a pretendida formação, que realmente promova aquelas competências, a BNCC propõe uma Educação Integral que realize uma articulação entre as formações cognitivas e as socioemocionais, ou seja, que promova o desenvolvimento de estudantes sem que a qualificação intelectual não se separe, por exemplo, da promoção de autoestima, do respeito recíproco e da responsabilidade social. Fica clara, portanto, a distinção entre Educação Integral e educação em tempo integral.

Isso não se realiza com mera preleção, pois deve estar presente em todas as etapas e áreas de conhecimento da Educação Básica, refletindo-se assim nas Competências Específicas das áreas e nas respectivas habilidades. Assim, ao tratar, mais adiante, dos Direitos e Campos de Experiência na Educação Infantil e de Competências e Habilidades no Ensino Fundamental, a atenção dada à Educação Integral sempre deverá estar presente e perceptível.

Além disso, a observação já feita de que Competências são qualificações que se completam ao longo da vida escolar — e não meramente em cada período, ciclo ou etapa —, recomenda que se dê particular atenção à ideia de Progressão, ou seja, de crescente complexidade ou dificuldade. Isso pouco tem a ver com a ideia de pré-requisito, como pode-se exemplificar com a comparação de expectativas de sociabilidade ou de capacidade de expressão para crianças ou adolescentes, que poderão ter formulação semelhante, mas terão interpretações bem diferentes, pois se tratam de estudantes com diferentes maturidades e vivências. Outro exemplo seria o da descrição e compreensão de ciclos naturais ou fenômenos sociais por quem está entrando no Ensino Fundamental e por quem está saindo do Ensino Médio, que podem ter denominações semelhantes, mas terão tratamentos distintos em termos de vocabulário e profundidade conceitual.

A Educação Infantil na Base Nacional Comum Curricular

Educar e cuidar de crianças nas primeiras fases da escola não é o mesmo que educar e cuidar de jovens. Por isso, ainda que haja certa correspondência, os Direitos de Aprendizagem, de "conviver", "brincar", "participar", "explorar", "expressar" e "conhecer-se", não se confundem com as Competências e as Habilidades para a Educação Fundamental, assim como os Campos de Experiência, "O eu, o outro e o nós", "Corpo, gestos e movimentos", "Traços, sons, cores e formas", "Escuta, fala, pensamento e imaginação", "Espaços, tempos, quantidades, relações e transformações", não se confundem com as Unidades Temáticas ou os Objetos de Conhecimento da Educação Fundamental.

Por outro lado, o mesmo sentido de Educação Integral válido para Competências e Habilidades vale igualmente para os Direitos de Aprendizagem e os Campos de Experiência da Educação Infantil. Por exemplo, a dimensão ao cuidar de bebês e crianças muito pequenas envolve uma particular atenção à higiene, à saúde e ao carinho, mas desde muito cedo precisarão ser contemplados os Direitos, como os de "conviver" e "brincar". Ou seja, é preciso garantir aos bebês o convívio com outras crianças, com quem brincarão, se comunicarão e realizarão demais atividades coletivas de desenvolvimento integral e de aprendizagem.

Quanto à ideia de Progressão, isso é particularmente significativo para a Educação Infantil, razão pela qual ela é organizada em três grupos, por faixa etária: bebês (de 6 meses até 1 ano), crianças bem pequenas (de 1 ano e 7 meses a 3 anos e 11 meses) e crianças pequenas (de 4 anos a 5 anos e 11 meses). Vale a pena ilustrar isso, por exemplo, no Campo de Experiência "Corpo, gestos e movimentos", um dos Objetivos de Aprendizagem que, para bebês, aponta o "manuseio de objetos", enquanto que, para crianças bem pequenas, sugere controle motor para "rasgar, pintar ou folhear" e, para crianças pequenas, fala de habilidades para "desenvolver atividades em situações diversas". Ou seja, são todas associadas ao emprego e domínio das mãos, mas com progressiva complexidade.

Para todos os Campos de Experiência seria importante não somente garantir a pretendida Progressão, mas igualmente percorrer com as crianças atividades que cumpram todos os Direitos, ou seja, em cada campo, as crianças devem conviver, brincar e desenvolver todas as demais atividades previstas em seus Direitos. Por exemplo, "brincar" é algo que se faz com "gestos e movimentos", com "cores e formas", com "pensamento e imaginação".

A BNCC sinaliza um cuidado com a transição da Educação Infantil para a Fundamental, apontando a importância de fazer um balanço do cumprimento das expectativas dos Direitos, Campos e

Objetivos da Educação Infantil. Para a passagem aos primeiros anos do Ensino Fundamental, por exemplo, pode-se questionar o quanto terá sido experimentado e antecipado em jogos e danças, que depois integrarão Arte e Educação Física, ou o quanto as cores e formas, de que tratarão a Geometria e as Ciências já terão sido efetivamente incorporadas ao repertório das crianças.

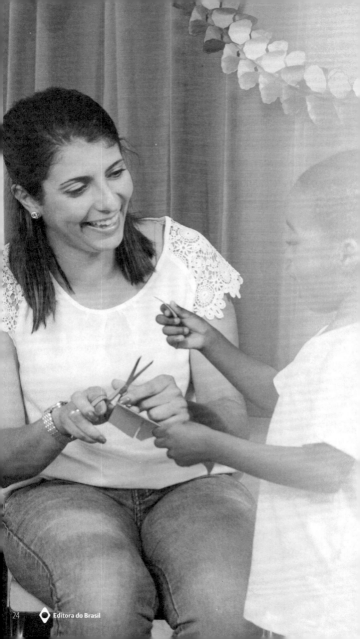

O Ensino Fundamental na Base Nacional Comum Curricular

Ainda que o Ensino Fundamental seja tratado como uma etapa, ele se apresenta em duas fases, "Ensino Fundamental – Anos Iniciais" e "Ensino Fundamental – Anos Finais", o que já pauta uma primeira e necessária atenção à Progressão, em termos da crescente autonomia dos estudantes e da crescente complexidade das Habilidades previstas em cada Competência. No entanto, por pensar na etapa mais do que nas fases, a BNCC apresenta para todo o Ensino Fundamental cada uma das Áreas de Conhecimento:

- Linguagens, com seu conjunto de Competências Específicas e com seus Componentes: Língua Portuguesa, Arte, Educação Física, com especificação para cada fase, e Língua Inglesa, proposta para a segunda fase.
- Matemática, a um só tempo Área e Componente, mas com especificação para cada fase.
- Ciências da Natureza, a um só tempo Área e Componente, mas com especificação para cada fase.
- Ciências Humanas, que integra Geografia e História, cada uma das quais com suas especificações para cada fase.
- Ensino Religioso, com especificação para cada fase.

Como o presente texto está voltado especialmente para professores e coordenadores pedagógicos, as próximas duas seções estarão voltadas especificamente para cada uma das fases, ou seja, uma para "Ensino Fundamental – Anos Iniciais" e outra para "Ensino Fundamental – Anos Finais", adequando mais claramente a exemplificação da Progressão no que diz respeito às Competências e Habilidades em cada Área de Conhecimento, articulando diferentes componentes e, em alguns casos, até mesmo diferentes Áreas.

Na próxima seção, "Ensino Fundamental – Anos Iniciais", as orientações destinam-se a professores polivalentes, responsáveis por todas as Áreas. Já na seção seguinte, "Ensino Fundamental – Anos Finais", haverá parágrafos dirigidos aos diferentes professores, responsáveis pelas diferentes Áreas ou Componentes.

Outro comentário geral relativo ao Ensino Fundamental na BNCC é sobre sua organização em anos, que poderia ser equivocadamente interpretada como uma imposição do regime seriado. Ao contrário disso, está claramente facultada em lei a opção pelo regime de ciclos, sendo que a LDBEN proíbe qualquer retenção ou reprovação ao longo do ciclo dos primeiros três anos, de forma que a única interpretação da organização em anos é tratar-se de uma sugestão de sequência, portanto, para ser considerada de forma abrangente e flexível.

"Ensino Fundamental – Anos Iniciais" na Base Nacional Comum Curricular

A diferença de tratamento entre a Educação Infantil e essa fase do Ensino Fundamental se estabelece de forma muito gradual, mesmo porque é usual que sejam ambas conduzidas centralmente por professoras ou professores que lecionarão todos ou quase todos os Componentes, assim como é natural que os Campos de Experiência da Educação Infantil dialoguem com os Objetos de Conhecimento ou com as Unidades Temáticas do Ensino Fundamental. O salto maior será dado na passagem para a nova fase dos Anos Finais, quando haverá Componentes separados e uma multiplicidade de professores especialistas. Nessa fase dos Anos Iniciais estão presentes quatro Áreas: Linguagens, envolvendo os Componentes Língua Portuguesa, Arte, Educação Física; Matemática; Ciências da Natureza; Ciências Humanas, que reúne Geografia e História; e Ensino Religioso.

Privilegiando uma interlocução com professores polivalentes e coordenadores pedagógicos dos Anos Iniciais, neste texto será relativizada a especificação de Área e Componente, para evitar que uma fragmentação excessiva prejudique o encaminhamento da aprendizagem das crianças. O texto da BNCC, nessa fase, pode ser referência para Habilidades, mas não para serem tratadas de forma estanque. Portanto, serão reunidos Componentes de Área, para reforçar seu aprendizado composto, como é o caso de Arte com Língua Portuguesa, em Linguagens, ou de Geografia e História, em Ciências Humanas. Da mesma forma, ao lidar-se com Áreas-Componentes, como Matemática e Ciências Naturais, será reforçada a vantagem da associação entre Áreas, por exemplo: Arte, Matemática e Geometria; Geografia e Ciências da Natureza; Língua Portuguesa e Matemática.

Cada Área tem seu conjunto de competências Específicas, algumas mais associadas a um componente, como, em Linguagens, "desenvolver o senso estético...", que se reporta à Arte, ainda que o Componente Arte também tenha seu conjunto de Competências Específicas. Isso também vale quando se trata, por exemplo, de Ciências Humanas e seu Componente Geografia. Uma recomendação aos coordenadores pedagógicos dessa fase seria realizar, em conjunto com os professores, uma leitura das Competências Específicas de Áreas e de Componentes, assim como das Habilidades, para um planejamento conjunto e contextual, ou seja, é importante que interpretem e adequem o que está proposto para as circunstâncias sociais e ambientais da escola.

Quando se tratar de Língua Portuguesa, é justo insistir que o idioma se aprende em todos os Componentes de todas as Áreas, pois aprender a denominar processos, sistemas e espécies é um exercício em contexto para o aprendizado da leitura e da escrita. Aliás,

"Ensino Fundamental – Anos Iniciais" na Base Nacional Comum Curricular

um primeiro exercício pode ser o de fazer rótulos para coleções de folhas e outros exemplares, realizado individual ou coletivamente pelos estudantes. Outro exemplo elementar é o de expressar com palavras os numerais ordinais, os cardinais, as quantidades, as proporções e mesmo as operações: 18 é "dezoito", 1º é "primeiro", 2/3 é o mesmo que "dois terços", 2+5=7 corresponde a "dois mais cinco é igual a sete"; assim como as linhas que dividem regiões entre países são fronteiras e o que resulta da reação de substâncias são compostos.

Também na Língua Portuguesa, as distinções entre o eixo Leitura, o eixo Produção de Textos, o eixo Oralidade e o eixo Análise Linguística/Semiótica gradativamente vão se impor, sendo que o último terá maior presença na fase final do Ensino Fundamental. A sensibilidade dos professores para distinguir e valorizar em contexto esses eixos é particularmente importante, por exemplo, para se evitar trazer complexidade precoce na fase de alfabetização propriamente dita.

Vale repetir o quanto é equivocada a interpretação de haver uma imposição do regime seriado, sugerindo tomar a sequência de Habilidades de forma abrangente e flexível, sendo facultado o regime de ciclos. Isso fica ainda mais claro quando se percebe a enorme extensão do conjunto de Habilidades: somente para Língua Portuguesa, nos cinco Anos Iniciais de Ensino Fundamental, além de objetos, práticas e Competências Específicas, há 40 páginas de habilidades sugeridas, lembrando que para essa fase contemplam-se quatro Campos, o da "vida cotidiana", o "artístico-literário", o das "práticas de estudo e pesquisa" e o da "vida pública".

Somente para ilustrar a Gradação, comparemos as primeiras Habilidades, as intermediárias e as últimas delas. As primeiras não esperam, por exemplo, que as crianças já leiam, mas, sim, que as crianças "saibam para que servem os textos escritos, quem os teria escrito e para quem se destinam". Já muito depois, espera-se que as crianças "planejem e produzam texto para apresentar resultados de observações", enquanto nas últimas Habilidades já demanda-se, por exemplo, que se explicitem "recursos rítmicos e metáforas em textos diversificados". As Habilidades são todas associadas a textos escritos, mas associadas a diferentes Objetos de Conhecimento e com profunda diferença qualitativa na capacidade esperada.

Esses exemplos devem servir para os professores compreenderem, como um conjunto, as recomendações para todas as áreas e componentes, evitando que se constranjam a seguir, ponto a ponto, cada Habilidade em cada ano, sem se darem conta de que se tratam de boas sugestões sequenciadas, não contas de um rosário a serem seguidas religiosamente como foram apresentadas.

Aliás, mesmo considerando cada uma das Habilidades, trata-se de colocá-las em contexto e interpretá-las, não de tomá-las como prescrição fechada.

Nas Ciências Humanas, Geografia e História, a despeito de serem tratadas separadamente e de terem Competências Específicas e Unidades Temáticas distintas, especialmente nessa fase haveria grande ganho em dar-se um contexto real e eventualmente articulado ao que é experimentado pelas crianças. Por exemplo, numa Habilidade de Geografia que pede para "comparar diferentes meios de comunicação", discutir metrô *versus* ônibus faz mais sentido para uma criança urbana, de cidade grande, enquanto uma criança de área rural precisaria de outro tipo de exemplo. Ou, ainda, em uma região de migrantes, discutir a história do trajeto familiar dos pais dos alunos pode dar contexto a uma Habilidade que propõe "identificar as motivações dos processos migratórios", discutindo aspectos geográficos, econômicos e históricos. Aliás, em ambos os exemplos, pode-se perceber o quão conveniente pode ser nos Anos Iniciais lidar com as Ciências Humanas de forma mais integrada do que parece sugerir a formulação em separado da BNCC.

A exemplificação feita há pouco, da associação entre a aprendizagem da Matemática e a da Língua Portuguesa, tem muitos paralelos possíveis com as Ciências Humanas e as Ciências da Natureza. Por exemplo, a escala adotada nos mapas em Geografia, assim como a sequência de décadas e séculos em História, demandará numerais cardinais, ordinais e proporções. Já nas Ciências da Natureza, massas, densidades, diluições, assim como temperaturas, vazões e velocidades, fazem uso absolutamente direto dessas linguagens matemáticas. Tanto Ciências da Natureza quanto Geografia dão oportunidade para habilidades de Arte, ilustrando um ciclo natural ou no desenvolvimento de plantas, por exemplo. E em vez de simplesmente tomar tais correlações como oportunidades de aplicar habilidades e conhecimentos artísticos ou matemáticos, pode-se tomar as situações mencionadas como oportunidades para dar contexto à aprendizagem, até mesmo a uma primeira aprendizagem.

Na Educação Física, a Unidade Temática que se apresenta desde cedo como essencial é a de "Brincadeiras e jogos", mas também concomitante a "Danças, esportes e lutas", explorando as várias dimensões, desde a "Experimentação" ao "Protagonismo Comunitário", passando por "Fruição" e "Experimentação". As Competências Específicas da Educação Física também devem ser graduadas de acordo com a fase, centradas nas vivências e sem maior preocupação com memorização.

O Ensino Religioso traz questões que merecem um olhar cuidadoso, pois na BNCC se trata de uma formação não confessional, que sugere conhecer e respeitar diferentes credos e cultos, assim como analisar relações entre diferentes tradições. No entanto, recente decisão no âmbito legal parece ter facultado compreensão distinta, permitindo escolha de credo, por exemplo, em escolas confessionais. Em todo caso, há situações que jamais poderiam ser aceitáveis, em escolas públicas ou privadas, como constranger estudantes a instrução diferente da orientada por suas famílias ou submetê-los a qualquer forma de segregação pelo que escolham ou recusem. Especialmente em escolas públicas, que em princípio deveriam ser laicas, a oferta de uma opção confessional só poderia ser acatada se fosse acompanhada em contrapartida de todas as demais, ou pelo menos de todas as demais afirmadas pelas famílias da comunidade.

"Ensino Fundamental – Anos Finais" na Base Nacional Comum Curricular

A transição da Fase Inicial, de professores polivalentes, para essa fase final do Ensino Fundamental, de professores especialistas para cada Componente, será mais cuidadosamente trabalhada se as escolas tiverem condições de prover às turmas de alunos, pelo menos às do 6º ano, o acompanhamento de professores que constituam referência socioafetiva e pedagógica semelhante à que as crianças tiveram até então. Na impossibilidade de designar educadores específicos para tal papel, poderia ser instruído um dos professores de uma das Áreas para assumir essa responsabilidade, em horário reservado para isso.

As questões já abordadas anteriormente, envolvendo Educação Integral e Progressão na aprendizagem, são particularmente importantes nessa fase final do Ensino Fundamental, para evitar que a concentração em Competências a cargo de professores especialistas e em Unidades Temáticas demarcadas venha a corresponder à indesejável separação, por exemplo, entre formação intelectual e formação socioemocional e ética. De fato, as Competências Específicas de cada Componente e as correspondentes Habilidades enumeradas já dão atenção a esses aspectos, mas é preciso interpretá-las com essa preocupação.

Antes de passar às Áreas e seus Componentes, nos quais haverá uma interlocução com seus professores, cabem algumas palavras aos coordenadores pedagógicos dessa fase do Ensino Fundamental. Como frequentemente os professores são os mesmos que ensinam seus componentes no Ensino Médio, um desvio pedagógico não raro dessa etapa trazido para o Ensino Fundamental é um foco disciplinar excessivo, centrado em retenção de informações e no uso de algoritmos padronizados, em detrimento de diálogo, convívio, protagonismo e questionamento, contrariando as próprias Habilidades da BNCC e a Educação Integral, e quando isso já começa na 6ª série é ainda mais danoso.

Outro problema, ainda mais frequente, é a condução independente dos Componentes, mesmo quando sua articulação seria pedagogicamente vantajosa, sendo os estudantes os únicos a viverem sua concomitância, aliás, geralmente descoordenada. O fato de, mesmo na BNCC, estar cada componente organizado independentemente não contribui para a superação de tais problemas, que se eternizarão se não houver uma ação efetiva de coordenação pedagógica, com planejamento conjunto e reuniões periódicas de alinhamento. Por isso, nessa fase, reuniões frequentes de planejamento entre professores de cada Área e de professores de diferentes Áreas são imprescindíveis e tão melhores quanto mais frequentes. Até mesmo por reconhecer esses problemas, vamos lidar, a seguir, com as Áreas enquanto conjuntos, buscando articular o tratamento dos Componentes.

A Área de Linguagens nos Anos Finais do Ensino Fundamental

Não é coisa simples tratar como Área componentes tão diversos como Arte e Educação Física, ao lado de Inglês e Língua Portuguesa, mas houve um esforço relativamente bem resolvido, como pode-se ver nas Competências Específicas dessa Área, que sinteticamente envolvem:

- compreender o caráter histórico e social das linguagens e valorizá-las em suas identidades;
- conhecer e explorar as linguagens artísticas, corporais e linguísticas como recursos para a participação e para a construção de uma sociedade democrática;
- usar as diferentes linguagens, como a oral, a escrita, a corporal e a visual, para se expressar e se comunicar;
- usar linguagens para argumentar, promover direitos, consciência e atuar criticamente;
- desenvolver senso estético para usufruir, apreciar e participar da produção artística e cultural, respeitando as diversidades;
- utilizar tecnologias digitais de informação de forma crítica, reflexiva e ética nas diversas práticas sociais.

Tais Competências Específicas deveriam valer para a Língua Portuguesa, para a Inglesa, para Arte e para Educação Física, ainda que cada um desses Componentes tenha organização e caracterização próprias.

A Língua Portuguesa, por exemplo, organiza-se em eixos, como os de Leitura, Produção de Textos, Oralidade e Análise Linguística/Semiótica, cada um dos quais subdividido em vários segmentos, sendo que para essa fase dos Anos Finais existem os Campos semelhantes aos dos Anos Iniciais, o Campo "artístico-literário", o das "práticas de estudo e pesquisa", o "jornalístico-midiático" e o da "atuação na vida pública". Além de apresentar sua lista de Competências Específicas obedecendo a tais critérios, seguem-se, na BNCC, cerca de 50 páginas de Habilidades, ordenadas pela complexidade. A seção começa no 6º ano com "Produzir notícias, reportagens, infográficos", assim como "Produzir textos em diferentes gêneros, considerando sua adequação ao contexto" e termina no 9º ano com "Inferir efeitos de sentido decorrentes de uso de recursos de coesão sequencial (conjunções e articuladores textuais)". A escolha ano a ano, como já foi dito, não é impositiva, e sim uma sugestão de sequência progressiva, porém seria ao menos razoável um planejamento por escola, envolvendo seleção e substituição de temas e tópicos.

A Área da Arte envolve quatro Linguagens, ou seja, Artes Visuais, Dança, Música e Teatro, acrescida ao final de uma quinta Linguagem, Artes Integradas, que busca articular as anteriores, tendo várias dimensões do conhecimento: Criação, Crítica, Estesia (experiência sensível), Expressão, Fruição e Reflexão. A Área da Arte também tem um conjunto de Competências Específicas que traduzem para as artes as competências da Área. Do 6º ao 9º ano, organiza um pequeno conjunto de Habilidades para cada uma das suas Linguagens, deixando claro que não está propondo seriação, o que facilita sua compreensão. Por exemplo, em Artes Visuais, "Experimentar e analisar diferentes formas de expressão artística (desenho, pintura, colagem, quadrinhos, modelagem, vídeo, fotografia)" ou, ainda, em Música, "Identificar e analisar diferentes estilos musicais, contextualizando-os de modo a aprimorar a apreciação estética".

Educação Física, em função de algumas práticas corporais, organiza as Unidades Temáticas Brincadeiras e Jogos, Esportes, Ginásticas, Danças, Lutas e Práticas Corporais de Aventura, para cada uma delas promovendo a pretendida Progressão e garantindo dimensões de conhecimento, como Experimentação, Fruição e Análise. Tanto quanto os outros Componentes, apresenta Competências Específicas, como sua releitura própria daquelas da Área, e organiza as Habilidades em pares de anos. No 6º e no 7º ano, por exemplo, "Planejar e utilizar estratégias básicas das lutas no Brasil, respeitando o colega como oponente", enquanto no 8º e no 9º ano, por exemplo, "Problematizar a prática excessiva de exercícios físicos e o uso de medicamentos para a ampliação do rendimento".

Língua Inglesa prioriza a função social e política do inglês, tendo como eixos a Oralidade, a Leitura, a Escrita, os Conhecimentos Linguísticos e a Dimensão Intercultural. Também apresenta sua lista de Competências Específicas e organiza por ano as Habilidades. Por exemplo, no 6º ano, "Produção de textos orais com a mediação do professor" e "Identificar o assunto de um texto"; no 8º, "Avaliar a própria produção escrita e de colegas"; e no 9º, "Debater sobre a expansão da língua inglesa pelo mundo, em função do processo de colonização".

A Matemática nos Anos Finais do Ensino Fundamental

Compreendendo que no Ensino Fundamental há uma centralidade no letramento matemático, seu conjunto de Competências Específicas envolve sinteticamente:

- reconhecer a Matemática como associada a diferentes culturas e ciências para solucionar questões de caráter tecnológico e produtivo;
- desenvolver raciocínio lógico e espírito de investigação, para produzir argumentos convincentes;
- compreender relações entre conceitos e procedimentos nos campos da Matemática (Aritmética, Álgebra, Geometria, Estatística e Probabilidade);
- fazer observações sistemáticas de aspectos quantitativos e qualitativos presentes nas práticas sociais;
- utilizar processos e ferramentas matemáticas, inclusive tecnológicas digitais disponíveis, para resolver problemas cotidianos;
- enfrentar situações-problema em múltiplos contextos, incluindo situações imaginadas;
- desenvolver e/ou discutir projetos que abordem questões de urgência social, com base em princípios éticos, democráticos e solidários;

- interagir de forma cooperativa, trabalhando coletivamente no planejamento e desenvolvimento de pesquisas.

Partindo de ideias fundamentais como Equivalência, Ordem, Proporcionalidade, Interdependência, Representação, Variação e Aproximação, a Matemática se organiza nas Unidades Temáticas: Números; Álgebra; Geometria; Grandezas e Medidas; e Probabilidade e Estatística. As Habilidades são organizadas, concomitantemente, por ano e por Unidade Temática. Por exemplo: 6º ano – Números, "Classificar números naturais em primos e compostos"; 7º ano – Álgebra, "Equivalência de expressões algébricas: identificação da regularidade de uma sequência"; 9º ano – Geometria, "Relações entre arcos e ângulos na circunferência de um círculo".

Cabe uma observação particular sobre as Habilidades em Matemática, que é o fato de elas serem pouco contextualizadas, o que dá margem a um esforço dos professores para buscar complementar um desenvolvimento formal com aplicações em contexto real. As sugestões feitas para os Anos Iniciais do Ensino Fundamental valem igualmente para essas dos Anos Finais, ou seja, uma aplicação em Ciências da Natureza pode ser um contexto adequado para, ao se estabelecer a formulação de um processo químico ou físico, aprender expressões algébricas. Mais uma razão para um planejamento conjunto tanto entre Componentes da mesma Áreas como entre Componentes de diferentes Área.

Assim, dada uma Habilidade matemática, professores de vários Componentes podem procurar em conjunto aplicações que lhes deem contexto.

A Área de Ciências da Natureza nos Anos Finais do Ensino Fundamental

Com consciência do papel de letramento científico no Ensino Fundamental, a Área de Ciências da Natureza busca dar acesso a conhecimentos científicos, com gradativa introdução a processos, práticas e procedimentos da investigação científica, conduzindo estudantes à Definição de Problemas, a Levantamento, Análise e Representação, a sua Comunicação e finalmente à capacidade de Intervenção. Para tanto, apresenta um conjunto de Competências Específicas que podem ser sintetizadas como:

- compreender as Ciências da Natureza como produção humana em permanente reelaboração e transformação;
- dominar conhecimentos, conceitos, processos e práticas das investigações científicas;
- analisar e explicar características, fenômenos e processos relativos ao mundo natural e tecnológico;
- avaliar implicações sociais, ambientais e políticas das ciências e das tecnologias a elas associadas;
- construir argumentos baseados em evidências, para defender ideias e pontos de vista;
- utilizar diferentes linguagens e tecnologias digitais de informação para se comunicar e acessar e disseminar informações;

- cuidar de si e dos demais, do bem-estar corporal, compreendendo e respeitando a diversidade humana;
- agir individual e coletivamente com respeito, autonomia, responsabilidade e flexibilidade, empregando as ciências por um mundo saudável e solidário.

Três Unidades Temáticas organizam a formação em Ciências da Natureza: Matéria e Energia; Vida e Evolução; e Terra e Universo, com dimensões ora mais tecnológicas, ora mais cosmológicas, procurando cobrir o espectro conceitual das várias ciências, assim como de seu emprego prático, avançando ao longo dos anos em Progressão consistente, com um pequeno, ainda que abrangente, conjunto de Habilidades, associadas às Unidade Temáticas.

É possível mostrar alguns exemplos de como as Ciências da Natureza distribuem essas Habilidades e Temáticas nos Anos Finais do Ensino Fundamental: 6º ano – Matéria e Energia, "Classificar como homogênea ou heterogênea a mistura de dois ou mais materiais "; 7º ano – Terra e Universo, "Justificar a importância da camada de ozônio para a vida na Terra"; 8º ano – Vida e Evolução, "Selecionar argumentos que evidenciem as múltiplas dimensões da sexualidade humana (biológica, sociocultural, afetiva e ética)"; 9º ano – Matéria e Energia, "Discutir o papel do avanço tecnológico na aplicação das radiações na medicina diagnóstica e no tratamento de doenças".

Por certo, há elementos mais físicos, químicos, biológicos, geológicos ou astronômicos nas diferentes Habilidades, mas de forma compatível com o Componente único Ciências da Natureza do Ensino Fundamental. Por simplicidade, estão aqui sintetizadas as Competências Específicas e as Habilidades, mas é indiscutível a preocupação em garantir a Educação Integral, com elementos Éticos e Socioemocionais.

A Área de Ciências Humanas nos Anos Finais do Ensino Fundamental

De forma semelhante à Área de Linguagens, as Ciências Humanas apresentam separadamente seus componentes, no caso, Geografia e História, ainda que tenham uma série de preocupações conjuntas na valorização da produção de conhecimento e na crítica às relações sociais e de poder que levem a desigualdades sociais, em torno das categorias básicas de Tempo, Espaço e Movimento, valorizando direitos humanos, respeito ao ambiente e estimulando participação e protagonismo dos estudantes.

Sinteticamente, as Competências Específicas da Área de Ciências Humanas podem ser apresentadas como:

- compreender a si mesmo e aos outros como identidades diferentes, para exercitar o respeito à diferença em uma sociedade plural;
- analisar o mundo com base nos conhecimentos das Ciências Humanas, para se posicionar diante dos problemas contemporâneos;
- identificar a intervenção humana na Natureza e na sociedade, participando das dinâmicas da vida social;
- promover o acolhimento e a valorização da diversidade de sentimentos, crenças e culturas, sem preconceitos de nenhum tipo;

- comparar eventos ocorridos em tempos diferentes no mesmo espaço e ao mesmo tempo em espaços diferentes;
- construir argumentos e defender ideias que promovam os direitos humanos e a consciência ambiental;
- utilizar linguagens cartográficas, iconográficas e outras, com diferentes gêneros e recursos para raciocínios como os de localização, duração e conexão.

A Geografia reúne um conjunto de Princípios para o Raciocínio Geográfico, que são Analogia, Conexão, Diferenciação, Distribuição, Extensão, Localização e Ordem, que presidiriam os principais conceitos de Espaço, nos vários aspectos, como território, lugar, região, natureza e paisagem, para organizar as suas cinco Unidades Temáticas: O sujeito e seu lugar no mundo; Conexão e escalas; Mundo do trabalho; Formas de representação e pensamento espacial; e Natureza, ambiente e qualidade de vida.

Como outros componentes, também apresenta seu conjunto de Competências Específicas, que presidem as habilidades previstas para cada ano, que podem ser ilustradas com exemplos dos anos conclusivos da Educação Fundamental: 6º ano, "Medir distâncias na superfície pelas escalas gráficas e numéricas dos mapas"; 7º ano, "Elaborar e interpretar gráficos de barra, gráficos de setores e histogramas, com base em dados socioeconômicos"; 8º ano, "Analisar áreas de conflito e tensões nas regiões de fronteira do continente"; 9º ano, "Analisar os impactos do processo de industrialização na produção e circulação de produtos e culturas".

A História apresenta-se mostrando que "a relação passado/presente não se processa de forma automática", sendo uma produção de significados constantemente reinterpretados em exercícios de permanente questionamento, com processos como os de identificação, comparação, contextualização, que pautam suas Competências Específicas. Estas, por sua vez, permitem a organização das Habilidades, que podem ser exemplificadas com algumas dos anos conclusivos do Ensino Fundamental: 6º ano, "Diferenciar escravidão, servidão e trabalho livre no mundo antigo"; 7º ano, "Comparar as navegações no Atlântico e no Pacífico entre os séculos XIV e XVI"; 8º ano, "Aplicar os conceitos de Estado, nação, território, governo e país para o entendimento de conflitos e tensões"; 9º ano, "Relacionar aspectos das mudanças econômicas, culturais e sociais ocorridas no Brasil a partir da década de 1990 ao papel do País no cenário internacional na era da globalização".

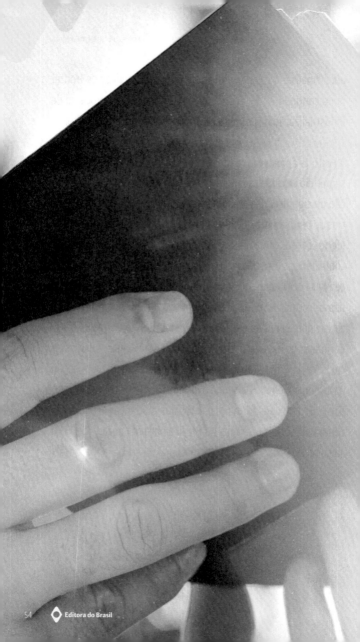

A Área de Ensino Religioso nos Anos Finais do Ensino Fundamental

O Ensino Religioso apresenta-se como Área, mas poderia perfeitamente ser mais um Componente da Área de Ciências Humanas. Como já dito ao se analisar o assunto nos Anos Iniciais do Ensino Fundamental, e não custa repetir, o Ensino Religioso merece uma atenção especial, pois na BNCC é entendido como uma formação não confessional, que sugere conhecer e respeitar diferentes credos e cultos, assim como analisar relações entre diferentes tradições, mas uma recente decisão legal faculta escolha de credo, por exemplo, em escolas confessionais. Em todo caso, em escolas públicas ou privadas não se pode constranger qualquer estudante a formação religiosa compulsória ou a qualquer forma de segregação.

Sinteticamente, as Competências Específicas da Área de Ensino Religioso, como corretamente concebidas na BNCC, podem ser apresentadas como:

- conhecer diferentes tradições/movimentos religiosos e filosóficos;
- valorizar e respeitar manifestações religiosas e filosóficas de diferentes épocas e regiões;
- reconhecer e cuidar de si mesmo e dos demais como expressão de valor de vida;

- conviver sem preconceitos com a diversidade de crenças, pensamentos e, convicções e modos de vida;
- comparar eventos ocorridos em tempos diferentes no mesmo espaço e ao mesmo tempo em espaços diferentes;
- analisar as relações entre tradições religiosas e os campos da cultura, da economia e demais relações sociais;
- posicionar-se frente a práticas de intolerância e discriminação, assegurando direitos humanos para uma cultura de cidadania e paz.

As Habilidades propostas para cada ano do Ensino Fundamental pelo Ensino Religioso adequadamente aprofundam essa visão compreensiva, tolerante e plural sobre as convicções humanas, não sendo necessário reproduzi-las no presente texto, até porque, no caso de ensino vocacional, tudo terá outra forma, especialmente se envolver qualquer forma de proselitismo.

Como já foi dito, esse bom posicionamento da BNCC lamentavelmente não é consensual, e seria importante que mesmo escolas confessionais, ao desenvolverem práticas formativas de caráter religioso, tomassem esses princípios como orientação para desenvolver estudantes com uma visão plural e solidária do mundo, em oposição a sectarismos e preconceitos que têm conturbado tristemente a vida contemporânea.

Observações finais para escolas e educadores

Neste breve texto, foi feita uma apresentação da BNCC para as três etapas tratadas, Educação Infantil, Anos Iniciais do Ensino Fundamental e Anos Finais do Ensino Fundamental. O que as une em um documento é serem parte da mesma Educação Básica, mas não resta dúvida de que é muito diferente o desafio de colocar em prática cada uma delas, em que se enfrentam problemas bastante distintos, também não sendo nada fácil a articulação entre as fases.

A BNCC para a Educação Infantil está bem resolvida, organizada em três fases, estando cada uma suficientemente ilustrada, razão pela qual não foi preciso explorar aqui novos exemplos. Uma conquista recente da Educação no Brasil, aliás, foi o reconhecimento da especificidade das educadoras dessa etapa, mas é cada escola que tem a efetiva responsabilidade de promover a educação das crianças e qualquer desatenção na formação da infância prejudicará a evolução dos alunos em etapas posteriores.

Para os Anos Iniciais da Educação Fundamental, a BNCC optou por descontinuidade relativamente à Educação Infantil, por apresentar as Competências Específicas e as Habilidades separadas pelos Componentes Curriculares em vez de organizá-las por fase, podendo dificultar o trabalho de professores polivalentes. Isso exigirá da coordenação pedagógica das escolas um esforço considerável de orientação e planejamento conjunto. Por essa razão, tal problemática mereceu neste texto algumas sugestões exemplares.

A BNCC para os Anos Finais da Educação Fundamental também separa as Competências Específicas e Habilidades entre diferentes Componentes Curriculares, o que é considerado "normal", já que seriam conduzidos por professores especialistas. Acontece que, se não houver um trabalho de articulação interdisciplinar, os estudantes padecerão da fratura disciplinar decorrente, muito especialmente no 6º ano, momento em que terão perdido seus professores polivalentes de referência (as escolas podem minimizar tal perda, como foi sugerido).

Enfim, a BNCC é um programa de caráter geral que ganhará realidade quando realmente constituir base para currículos, estes sim elaborados e realizados no contexto escolar. É natural que haja repercussão de curto e médio prazo na formação contínua e inicial de professores. No entanto, desde cedo tem início um trabalho de interpretação e preparação para efetivar o que a BNCC preconiza. O presente texto é uma breve contribuição nesse sentido.